HAND Lettering

die 33 schönsten ALPHABETE

ISBN: 978-3-8094-3803-8

6. Auflage 2018
© 2017 by Bassermann Verlag, einem Unternehmen der Verlagsgruppe Random House GmbH, Neumarkter Str. 28, 81673 München

Alle Rechte vorbehalten. Die Verwertung der Texte und Bilder für kommerzielle Zwecke, auch auszugsweise, ist ohne die Zustimmung des Verlags urheberrechtswidrig und strafbar. Dies gilt auch für Vervielfältigungen, Übersetzungen, Mikroverfilmung und für die Verarbeitung mit elektronischen Systemen.

Projektleitung: Dr. Iris Hahner
Idee und Gesamtgestaltung: Norbert Pautner, Berlin

Die Ratschläge und Informationen in diesem Buch sind vom Autor und dem Verlag sorgfältig erwogen und geprüft. Dennoch kann eine Garantie nicht übernommen werden. Eine Haftung des Autors bzw. des Verlags und seiner Beauftragten für Personen-, Sach- und Vermögensschäden ist ausgeschlossen.

Im Buch genannte Schrift-, Marken- und Eigennamen sind rechtlich geschützt und Eigentum der jeweiligen Hersteller oder Inhaber, auch wenn sie nicht gesondert gekennzeichnet werden.

Herstellung: Elke Cramer
Verlagsgruppe Random House FSC® N001967

Druck und Bindung: DZS Grafik, Ljubljana
Printed in Slovenia

INHALTSVERZEICHNIS

Einleitung 4

Unicase-Handschrift 8
Schmale Grundschrift 10
Enge Schreibschrift 12
Einfache Federschrift 14
Weite Federschrift 16
Variantenreiche Pinselschrift 18
Fette Pinselschrift 22
Einfache Pinselschrift 24
Schildermalerschrift 26
Schmale Schildermalerschrift 28
Elegante Pinselschrift 30
Grobe Pinsel-Blockschrift 32
Borstenpinsel-Versalien 34
Leichte Blockschrift 36
Schmale Sans 38
Geometrische Sans light 40
Geometrische Sans fett................ 42
Schablonenschrift 44

Einfache Antiqua-Versalien 46
Blockschrift mit Serifen 48
Sport-Blockschrift 50
Sport-Blockschrift Sans 52
Poppige Cartoon-Schrift 54
Doodle-Schrift 56
Plakat-Pinselschrift 58
Art-Déco Sans 60
Jugendstil-Versalien 62
Viktorianische Zierbuchstaben 64
Schilder-Schrift mit Mini-Serifen ... 66
Western-Schrift 68
Zirkus-Schrift 70
Unzialschrift 72
Gebrochene Schrift 74

Schwünge und Vignetten 76
Banderolen und Etiketten 77
Illustrationen 78
Rahmen und Bordüren 80

MEHR ALPHABETE FÜR ALLE!

Dieses Buch wendet sich an alle, die schon eine ganze Reihe von Hand-Lettering-Projekten nach Vorlagen gestaltet haben und nun eigene Ideen umsetzen möchten. Dafür bekommen sie 33 nützliche Alphabete an die Hand. Es ist aber auch für Anfänger, die einen Überblick über die Möglichkeiten ihrer Lettering-Begeisterung bekommen möchten. Für alle bietet dieses Buch eine Auswahl der gängigsten Hand-, Pinsel-, Block- und Vintageschriften.

Fünf Schnappschüsse aus Edinburgh zeigen die stilistische Bandbreite und die Vielfalt an Schriften, mit der professionelle Schildermaler ihre Werke gestalten.

Über dieses Buch

Ein A ist ein A ist ein A. Das sollte man meinen – schließlich lesen wir ja auch immer „A". Aber jede geschriebene oder gedruckte Schrift interpretiert die Grundform eines A (oder a) anders. Darum finden Sie in diesem Buch auch 33 verschiedene Schriften – eine jede lesbar, mit den gleichen Buchstaben, aber mit unterschiedlichem Charakter. Mal elegant, verträumt oder verspielt, dann wieder nüchtern, simpel oder robust.

Jedes Lettering-Projekt hat seine ganz eigene Anmutung, soll einen Inhalt auf eine ganz bestimmte, von Ihnen beabsichtigte Art und Weise kommunizieren. Damit das gelingt, ist die Bandbreite der im Buch vorgestellten Schriften ziemlich groß. Denn oft lebt ein Lettering-Bild eher vom Kontrast der eingesetzten Schriften als von deren oberflächlicher Harmonie.

So wie bei einer persönlichen Handschrift sind auch Letteringschriften unterschiedlich.

Von links nach rechts: weite Federschrift (S. 16), einfache Federschrift (S. 14), variantenreiche Pinselschrift (S. 18), enge Schreibschrift (S. 12) und die einfache Pinselschrift (S. 24).

Bei der Kombination von Schriften spielt nicht nur deren Charakter eine Rolle, sondern selbstverständlich auch, wie sie zum Einsatz gebracht werden. Größe, Position und Farbe bestimmen die Wirkung einer Schrift ganz entscheidend. Im Zusammenspiel mit der gewählten Schrift geben diese Faktoren vor, wie wir die gelesenen Worte mit der inneren Stimme „auszusprechen" haben. So kann die gleiche Botschaft ernsthaft, ironisch, mit Nachdruck, als guter Wunsch oder höfliches Angebot überbracht werden – ohne dass sich an der eigentlichen Formulierung etwas ändert. Darum sollte jedes Letteringbild auch gut geplant werden, mit mehreren Skizzen. Die Auswahl einer passenden Schrift sollte dabei am besten erst erfolgen, wenn ein erster Entwurf aus der lockeren Hand schon die grobe Komposition bestimmt hat.

Bereits Auswahl und Kombination der Schriften für einen Lettering-Schriftzug entscheiden maßgeblich über den Charakter und die Anmutung des Bildes.

Es geht nicht ohne Fachchinesisch

In einem Buch wie diesem lassen sich Fachbegriffe natürlich nicht vermeiden. Darum werden die wichtigsten hier kurz erläutert: **Versalien** sind nichts anderes als **Großbuchstaben**, die **Versalhöhe** ist demnach die Höhe eines Großbuchstabens. Gemessen wird von der **Grundlinie** aus, also der Linie, auf der die Buchstaben stehen. Kleinbuchstaben weisen entsprechend eine **x-Höhe** (auch: **Mittelhöhe**) auf. Was oben bzw. unten darüber hinausragt, nennt man dann **Ober-** bzw. **Unterlänge**. Vor allem Schreibschriften (aber nicht nur die) können (Aus-) **Schwünge** oder englisch **Swashes** haben: kleine Fähnchen an den „Extremitäten" der Buchstaben. Wie dick die Striche einer Schrift sind, wird durch die Begriffe **normal**, **light** (oder licht) und (**halb-**) **fett** beschrieben. Eine (nach rechts) geneigte Schrift nennt man **kursiv**.

Für alles, was keine **Schreib-** oder **Handschrift** (oder englisch **Script**) ist, habe ich mitunter den Begriff **Blockschrift** gewählt, auch wenn das fachsprachlich nicht ganz korrekt ist – aber wahrscheinlich doch allgemeinverständlich. Darunter fasse ich sowohl **Antiqua** (auch **Serif** genannt – wegen der **Serifen** an den Strichenden) als auch **Groteskschriften** (auch **Sans** bzw. **Sans Serif** genannt) zusammen. Bliebe noch der Begriff **Unicase** zu erklären: Hier können Groß- und Kleinbuchstaben gemischt werden, da sie gleich hoch sind.

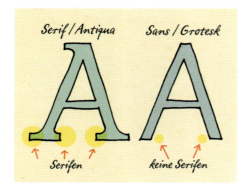

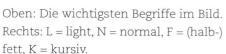

Oben: Die wichtigsten Begriffe im Bild.
Rechts: L = light, N = normal, F = (halb-) fett, K = kursiv.
Ganz rechts: Unicase-Schrift

So nutzen Sie die Vorlagen

Fast alle Alphabete in diesem Buch wurden mit Hilfe ganz normalen Karopapiers konstruiert. Auch wenn sie dadurch mitunter auf den ersten Blick etwas spröde wirken mögen, so hat das doch den Vorteil, dass Sie diese Konstruktion ohne Schwierigkeiten nachvollziehen können.

Doch das Raster ist nur ein erster Schritt. Wenn Sie ein Alphabet erst einmal „können", werden Sie die Abstände der Buchstaben zueinander ohnehin mit dem Auge und nicht nach einer

Wenn es sich angeboten hat, habe ich bei manchen Schriften für einige Buchstaben Alternativformen angegeben. Das trifft am häufigsten für die beiden Varianten der Kleinbuchstaben r und z zu.

Warum es sich lohnt, sein Layout zu planen und zu skizzieren: Beide Edinburgher Werbetafeln (rechts) sind vollständig und gekonnt mit Text gefüllt. Obwohl beide Tafeln viele unterschiedliche Schriftstile und -größen verwenden, ist das linke Schild deutlich ruhiger und ausgewogener. Rechts gibt es hingegen keine klare Gliederung.

Rechenmethode bestimmen. Spätestens, wenn Sie dann Text an Rundungen oder Schrägen anpassen wollen, kommen Sie mit den Möglichkeiten eines Rasters nicht mehr weiter. Zu jedem Alphabet finden Sie eine Anleitung zur Konstruktion und Tipps zur Anwendung.

Einige wenige Schriften wurden mit einem Raster konstruiert, bei dem die Senkrechten nach rechts geneigt sind. Vorlagen zum Ausdrucken solcher Raster stehen im Internet unter folgendem Link zur Verfügung: www.bassermann-verlag.de/handlettering.

Ab Seite 76 finden Sie dann noch zahlreiche Vorlagen und Inspiration, um Ihre Letteringbilder mit verschiedenen Rahmen, Ornamenten und Vignetten abzurunden.

Jetzt ist es an Ihnen, die passenden Schriften und Ornamente für Ihr Projekt auszuwählen – probieren und skizzieren Sie!

Die Alphabete wurden weitgehend auf Basis eines Karo-Rasters entworfen und gezeichnet. Karopapier lässt sich ebenfalls für den ersten Entwurf eines Letteringbildes gut nutzen.

Auf Karopapier kann man mit nur wenig Aufwand erstaunliche 3D-Effekte und verschiedene Schlagschatten konstruieren.

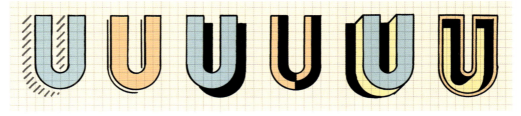

Unicase-Handschrift

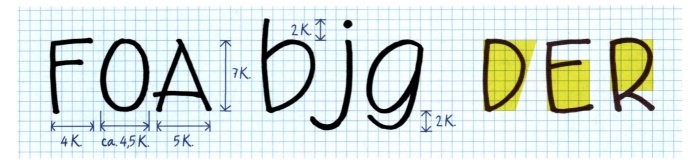

Bei eine Unicase-Schrift sind die Versalhöhe der Großbuchstaben und die sogenannte x-Höhe der Kleinbuchstaben gleich hoch. Minimale Unter- und Oberlängen können jedoch auch vorhanden sein.

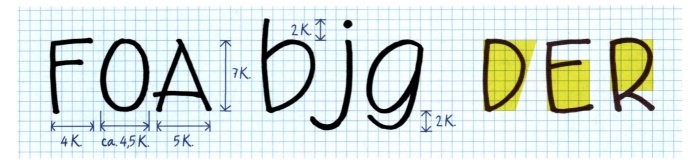

Die Unicase-Schreibschrift ist durchschnittlich 4 bis 5 Karos breit und 7 Karos hoch, Unter- und Oberlängen betragen jeweils ca. 2 Karos. Sie ist etwas „kopflastig", d. h. oben etwas breiter als unten. Ihre Dynamik bekommt sie aus der nach oben oder unten verschobenen (horizontalen) Mitte.

Je nachdem wie die Unicase-Schrift geschrieben oder gezeichnet wird, ändert sich auch ihr Charakter: Mit dem Filzstift geschrieben wird sie gleichmäßig und neutraler; mit dem Fineliner konstruiert wirkt sie eher etwas „kindlich". Die meiste Dynamik bringt das Schreiben mit dem Pinsel.

Die Unicase-Schreibschrift kann sowohl verbunden als auch unverbunden geschrieben werden. Sie lässt aber auch eine gemischte Schreibung zu. Die Verbindungslinien sollten dabei immer dynamisch, also leicht gebogen und weniger gerade gezogen werden.

aAaAbBbB cC
dDdDeEeEFff
GghHhHiIjJkK
LMmMnNnNOppP
QrRrSsStTuUuU
VvWwXxYyZß
1234567890
& ? ! » «

Schmale Grundschrift

Mit ihrem „amerikanischen" Touch in der Gestaltung der Buchstabenformen lassen sich Ladenschilder und Sprechblasen gleichermaßen gut gestalten.

Die Versalien sind meist 4 bis 5 Karos breit und im Schnitt 11 Karos hoch. Durch die schrägen Horizontalen ergibt sich dabei eine „Kernhöhe" von 10 Karos. Die Kleinbuchstaben sind durchschnittlich 5 Karos breit mit einer x-Höhe von 7 Karos. Die Unterlänge beträgt 3 Karos, die Oberlänge 4 Karos.

Die Versalien der schmalen Schrift sind stark „kopflastig": Die horizontale Mitte ist ziemlich weit (ca. 2 Karos) nach unten verschoben. Außerdem ist die Horizontale nicht waagerecht, sondern ein wenig nach rechts oben geneigt (ca. 10°).

Die schmale Grundschrift besitzt am meisten Charakter und Dynamik, wenn sie mit dem Pinsel bzw. Pinselstift geschrieben wird.

Bekommen die Buchstaben durch den Pinselstrich Volumen, lassen sich zahlreiche Schmuckeffekte anwenden.

ABCDEFGHIJ
KLMNOPQRST
UVWXYZ&$€

abcdefghijk
lmnopqrstu
vwxyzß

1234567890

Enge Schreibschrift

Mit ihrer gleichzeitig modern, nordamerikanisch und französich anmutenden Nüchternheit strahlt diese einfache Schreibschrift eine lässige Coolness aus.

Die Schrift ist mit einem Winkel von 15 ° nach rechts geneigt. Alle Kleinbuchstaben basieren auf einer Grundform im Seitenverhältnis von eins zu zwei, hier orange eingezeichnet. Die Oberlängen betragen 1/3 der x-Höhe, die Unterlängen können etwas größer sein. Die Versalien sind nicht so starr ins Raster eingefügt, die Versalhöhe beträgt aber stets 5/3 der x-Höhe.

Skizzieren Sie fürs Erste mit je einer Buchstabenbreite Abstand zwischen den Buchstaben.

Die Linien sollten nach Möglichkeit immer gleichbleibend dick gezogen oder gezeichnet werden. Dadurch lassen sich die Buchstaben auch sehr gut mit Schatten und anderen Effekten versehen.

a b c d e f f g g
h i j j k l m n o p
q q r r r s s t u v w
x y y z z ä ö ü ß &
? ! 1 2 3 4 5 6 7 8 9 0
A B C D E F G H I J
K L M N N O P Q
R S T U V W X Y Z

Einfache Federschrift

Diese relativ einfache, konstruierte Schrift basiert auf der „Englische Schreibschrift" genannten kalligrafischen Federschrift (für die man allerdings jahrelange Übung benötigt). Sie übernimmt dazu Formen und Proportionen der Schulausgangsschrift.

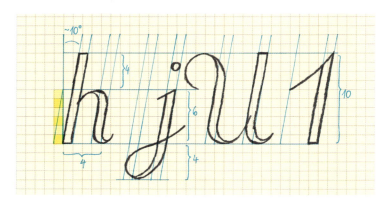

Die Versalhöhe beträgt 10 Karos, die x-Höhe 6 Karos. Die Oberlänge ist mit 4 Karos genauso groß wie die Unterlänge. Die Senkrechten sind 1 Karo breit und um etwa 10° nach rechts geneigt. Der Winkel entspricht etwa einem Verhältnis von 6 : 1 Karos.

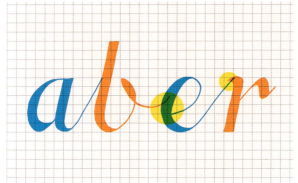

Die Anschlusslinien müssen angepasst werden, sonst ergibt sich ein Bild wie hier. Im Gegensatz dazu ist die Verbindung „v-e-r" aus dem Beispielbild oben auf dieser Seite harmonisch angepasst.

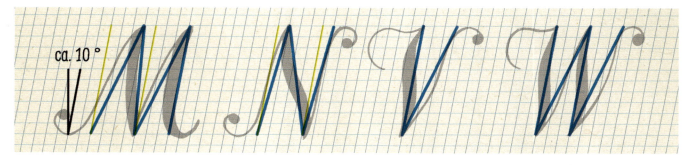

Um die Neigungen von M, N, V und W harmonisch zeichnen zu können, sollten Sie entsprechende Hilfslinien vorzeichnen (hier blau eingezeichnet).

abcdefghij
klmnopqrst
uvwxyzßä

ABCDEFG
HIJKLMN
OPQRSTU
VWXYZ&
1234567890

Weite Federschrift

Der „Federstrich" dieser freundlichen Schreibschrift ist sehr einfach zu zeichnen.

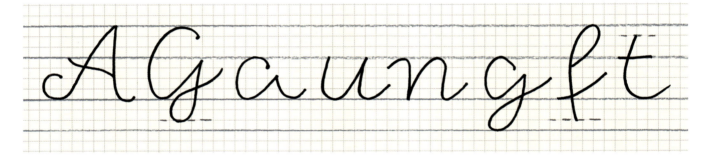

Im Grundsatz sind die Kleinbuchstaben durchschnittlich so weit wie hoch (x-Höhe = 4 Karos). Ober- und Unterlängen betragen 2 bzw. 3 Karos, was 2/4 bzw. 3/4 der x-Höhe entspricht.

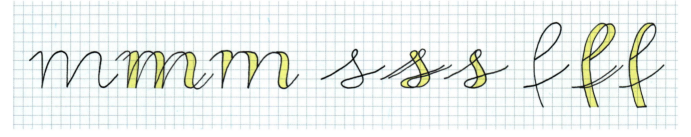

Die Verdickung der Senkrechten beträgt knapp ein Viertel der x-Höhe. Man kann sie durch Verschiebung des Buchstabens um ein Karo (1/4 x-Höhe) nach rechts (bzw. nach links, wenn nötig) herleiten. Dabei sollte man darauf achten, dass die Buchstaben nicht zu klotzig werden.

Je flacher die Buchstabenverbindungen sind, umso eleganter wirkt die Schrift. Darum sollten die Buchstaben mindestens eine x-Höhe voneinander entfernt sein.

A B C D E F G H I
J K L M N O P Q
R S T U V W X Y
Z a b c d e f g h
i j k l m n o p q
r r s s s s t u v w
x y z z ß ä ö ü
1 2 3 4 5 6 7 8 9 0

Variantenreiche Pinselschrift

Mit dieser Pinselschrift lassen sich zahlreiche Lettering-Ideen lebendig gestalten.

Die Pinselschrift zeichnet sich durch starke Senkrechte und dünne, feine Waagerechte aus. Oft verzichtet man besser auf eine zweite starke Senkrechte, dadurch wirkt der Buchstabe leichter und eleganter. Leichtigkeit bekommt die Schrift auch durchs „Tanzen", d. h. sie hat keine feste Grundlinie – auch die Buchstaben selbst können sich in ihrer relativen Größe unterscheiden. Es ist ratsam, vor der endgültigen Reinzeichnung mehrere Skizzen zu Proportion und Position zu machen. Besonderes Augenmerk sollte dabei auch möglichst natürlichen Anschlüssen gelten.

Man muss schon sehr geübt sein, um die Buchstaben freihand mit dem Pinsel schreiben zu können. Einfacher ist es, auf der Skizze erst die starken Senkrechten mit einem Pinsel und anschließend die feinen Linien mit einem Fineliner nachzuziehen.

Durch ihre variantenreichen und freien Formen eignet sich diese Pinselschrift gut, um die Kleinbuchstaben in Schwüngen auslaufen zu lasssen, wo immer es sich anbietet.

aaaabbbccc
dddeeefff
gggghhhh
iiijjkkkll
mmmmnnn
ooooppqq

Mehr Buchstaben auf der nächsten Seite

r r r r r r v v s s s s s

t t t t u u u u

v v v v w w x x

y y y y z z z z

ß ß ? ! & & &

1 2 3 4 5 6 7 8 9 0

AA AA BB CC
DD EE FF GG
HH IJ IJ KK
LL MM MM NN
OO PP Q RR
SS TT UU VV
WW WW XX YY ZZ

Fette Pinselschrift

Kein Weg ist zu lang mit einem Freund an deiner Seite

Sehr dynamisch wirkt diese lässige Pinselschrift mit ihren fetten Senkrechten.

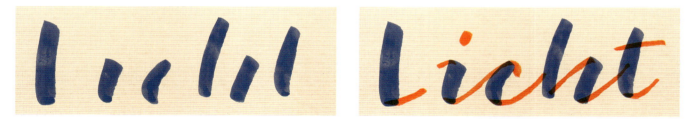

Die fette Schreibschrift lässt sich bis zu einer Höhe von 4 cm gut mit einem Aquarellpinsel Nr. 4 schreiben. Man kann aber auch erst mit einem dicken Pinsel (z.B. Nr. 12) die Senkrechten schreiben und dann mit einem dünneren die Verbindungen und auslaufenden Rundungen.

Tanne Mitte Bälle

Werden Buchstaben verdoppelt, sollten sie nie gleich oder ähnlich geschrieben werden. Stattdessen sollten sie deutliche Unterschiede in Größe und Position aufweisen.

Abweichungen im Schriftbild z. B. die unterschiedliche Position oder Proportion der einzelnen Zeichen sind gut geeignet, die Schrift zu beleben.

ABCDEFGHI
JKLMNO
PQRSTUVW
XYZabcdef
ghijklmn
opqrrstuv
wxyzß 123
4567890 &

Einfache Pinselschrift

Obwohl sie sehr einfach gestaltet ist, hat diese (Pinsel-) Schreibschrift durch ihre Formen im „internationalen" Stil einen schönen Schwung und viel Lebendigkeit.

Eine Vorlage für das der einfachen Pinselschrift zugrundeliegende Raster können Sie unter dem auf Seite 7 genannten Link herunterladen. Grundlinie, x-Höhe, Versalhöhe bzw. Oberlänge und Unterlänge sind in der Druckvorlage auch noch einmal gekennzeichnet. Für die Konstruktion auf Karopapier verwenden Sie das Schema im Bild: Die x-Höhe beträgt 3 Karos, die Versalhöhe 5 Karos, Ober- und Unterlänge betragen jeweils 2 Karos. Um den Neigungswinkel von ca. 15 ° zu erhalten, zeichnen Sie eine Schräge von 7 Karos Höhe zu 2 Karos Breite.

Die Anschlüsse sind unkompliziert, kleinere Anpassungen können aber erforderlich sein.

Ausschwünge lassen sich durch den einfachen Aufbau der Buchstaben überall gut anfügen. Manchmal muss die Zeichenform dafür aber geringfügig variiert werden.

ABCDEFGH
IJKLMNN
OPQRSST
UVWXYZ3
abcdefghijk
lmnöpqrrs
tuvwxyz
ß123456789

Schildermalerschrift

Für eine betonte Dynamik des Strichs wird diese „Pinselschrift" gezeichnet.

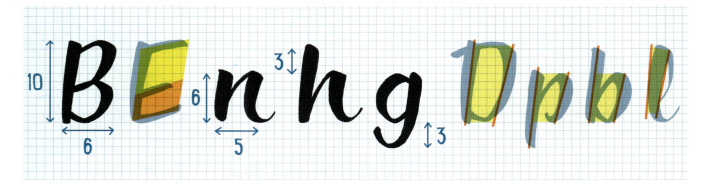

Die Versalhöhe beträgt 10 Karos, die meisten Versalien sind etwa 6 Karos breit. Die Kleinbuchstaben sind durchschnittlich 5 Karos breit. Ihre x-Höhe misst 6 Karos, Ober- und Unterlänge jeweils 3 Karos. Die Senkrechten haben eine leichte Neigung von knapp 5 Grad, darüber hinaus streben die Waagerechten nach rechts oben. Zur Dynamik trägt auch bei, dass die Buchstaben insgesamt ein wenig „kopflastig" sind und dass die betonten senkrechten Linien sich nach unten hin verjüngen.

Kräftige, ausladende und säbelartige Schwünge, die sich unter dem gesamten Wort entlangziehen, sind typisch für kräftige Pinselschriften im amerikanischen Stil.

ABCDEFGH
IJKLMNOP
QRSTUVWX
YZ abcdefg
hijklmnop
qr rs s tuvw
xyzzß&$€
1234567890

Schmale Schildermalerschrift

Die schmale Schildermalerschrift hat einen noch stärkeren „amerikanischen" Touch als die Schrift auf Seite 26. Sie wird am besten mit einem Pinsel geschrieben.

Die x-Höhe der Kleinbuchstaben beträgt 6 Karos, die Oberlänge 4 Karos, die Unterlänge 6 Karos. Im Mittel sind die Kleinbuchstaben 3 bis 4 Karos breit. Um den Neigungswinkel von etwas über 20° zu erhalten, zeichnen Sie eine Schräge von 5 Karos Höhe zu 2 Karos Breite. Die dynamischen Versalien (Versalhöhe: 12 bis 14 Karos) hängen leicht unter die Grundlinie.

Links: Doppelbuchstaben sollten als „ungleiche Paare" geschrieben werden, so bleibt das Schriftbild dynamisch.
Oben: Schon einfache Schatten und Umrandungen werten diese Pinselschrift optisch auf.

ABCDEFG
HIJKLMNO
PQRSTUV
WXYZ abcdef
ghijklmnopqr
stuvwxyzß&?!
1234567890

Elegante Pinselschrift

Die Eleganz der Schrift entsteht durch die feinen Unterschiede in der Strichstärke sowie dem auffälligen Größenunterschied von Versalien und Kleinbuchstaben.

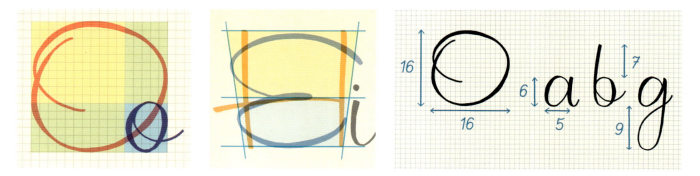

Die Versalien sind mit 16 x 16 Karos nicht nur besonders groß, sondern auch „kopflastig", d. h. die obere Hälfte ist größer, die äußere Form läuft nach unten hin leicht konkav zu. Die 5 mal 6 Karos großen Kleinbuchstaben haben aufrechte, ausgeprägte Ober- und Unterlängen (7 bzw. 9 Karos).

Um die Buchstaben in einem Zug mit dem Pinsel zu schreiben, bedarf es einiger Übung und einer ruhigen Hand. Man kann sich behelfen, indem man zunächst das „Skelett" mit einem Fineliner schreibt und dann mit dem Pinsel die Verdickungen hinzufügt.

Schriftzüge mit dieser eleganten Script sollte man durch ausgearbeitete Skizzen vorbereiten, um ausgewogene Abstände und Unterschneidungen zu erhalten – die Schrift braucht Luft, sollte aber auch nicht auseinanderfallen. Pastell- und gebrochene Farben unterstreichen die Eleganz der Schrift.

abcdefghijklmno
pqrrstuvwxyzß

AABCDE
FGHIJK
LMNNOP
QRSTUV
WXYZ?!
&12345
67890

Grobe Pinsel-Blockschrift

Diese hingepinselte Blockschrift wirkt mit Absicht etwas unbeholfen. So kommt sie etwas ironisch und verspielt, aber doch sehr modern daher.

Das Seitenverhältnis Breite zu Höhe beträgt grob 2 zu 3. Damit die Schrift wirkt, sollten allerdings keine zwei Buchstaben gleich sein: weder in Proportion, Größe, Neigung oder Position.

Die Strichstärke lässt sich am besten kontrollieren, indem Sie den Pinsel möglichst senkrecht halten.

Die grobe Pinsel-Blockschrift lässt sich gut in klare, geometrische Kompositionen integrieren. Auch mit kleinen illustrativen Elementen harmoniert sie gut.

AAÄBBCCDDEE
FFGGHHIIJJKK
LLMMNNOOÖ
PPQQRRSSTT
UUÜVVWWXX
YYZZ&!?€$£
1122334455
66778899 00

Borstenpinsel-Versalien

Eine einfach konstruierte, raue und kraftvolle Schrift für einen plakativen Auftritt.

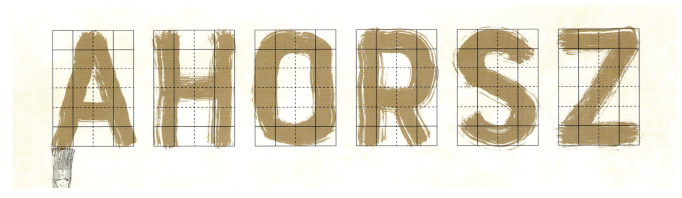

Die Schriftgröße richtet sich nach der Pinselgröße: Den Buchstaben liegt ein Raster von vier mal sechs Pinselbreiten zugrunde. Alle Buchstaben lassen sich gut innerhalb dieses Rasters zeichnen.

Eine etwas lebendigere Variante für die Borstenpinsel-Schrift ergibt sich, wenn Sie die Buchstabenformen der Sport-Blockschrift von Seite 50 zugrunde legen.

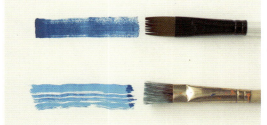

Je nachdem, wie weich oder hart die Borsten bzw. Haare des Flachpinsels sind, fällt der Strich geschlossener oder offener aus.

ABCDEF
GHIJKL
MNOPQR
STUVWX
YZ&1234
567890

Leichte Blockschrift

ICH WERFE EINFACH ALLES HIN UND WERDE PRINZESSIN

Universell einsetzbar ist diese sehr leicht wirkende und extrem einfach zu schreibende Blockschrift. Besonders gut wirkt sie in Kombination mit Schreibschriften.

AAABBCCDEEEFFGHIJKKLMMMNNO
PQRRSSTUUVWWWXYYZZßÄÄÄÖÜ
aabcdeeEffgggghijkklmnopqrssttt
uuvwwxyyyzzʒß1234456778990

Für die leichte Blockschrift sind zahlreiche Buchstabenvarianten möglich.

Durch ihren einfachen Aufbau lässt sich diese Blockschrift leicht variieren. So lässt sie sich ohne Probleme noch enger „zusammenrücken" oder auch mit gezielt eingesetzten fetten (Pinsel-)Senkrechten recht dynamisch gestalten.

ABCDEFGHIJKL
MNOPQRSTUVW
XYZÄÖÜß?!&:»«
1234567890º~
äbcdefgghijklmn
opqrstuvwxyzß

Schmale Sans

Diese einfach zu zeichnende Schrift ist wandelbar und lässt sich vielseitig einsetzen.

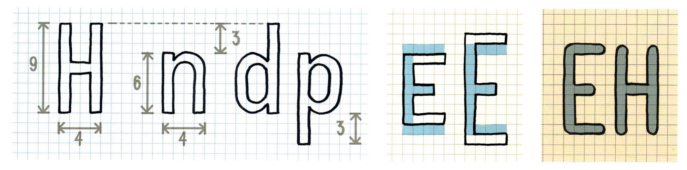

Die Strichbreite beträgt 1 Karo. Bis auf wenige Ausnahmen basieren alle Versalien auf einem Raster von 4 mal 9 Karos. Die x-Höhe liegt mit 6 Karos bei 2/3 der Versalhöhe. Ober- und Unterlänge betragen jeweils 1/2 x-Höhe, also 3 Karos.

Varianten lassen sich leicht zeichnen: Durch die einfache Form können die Buchstaben auf verschiedene Größen angepasst werden. Schon das Abrunden der Strichenden verändert den Charakter der Schrift.

Wie auch bei der leichten Blockschrift auf der vorangegangenen Seite lassen sich die Zeichenformen der schmalen Sans je nach Bedarf variieren.

Schatten und 3D-Effekte lassen sich aufgrund der schlichten Buchstabenformen leicht konstruieren.

Geometrische Sans light

JEDER FRÜHLING ist ein neues Stück UNSTERBLICHKEIT

Auf den ersten Blick wirkt sie nüchtern, fast technisch. Ihr auf Kreisen und Geraden basierendes Gerüst eignet sich für viele Gestaltungen, bei denen es beispielsweise erforderlich ist, Schreibschrift-Schlagwörter relativ zurückhaltend zu ergänzen.

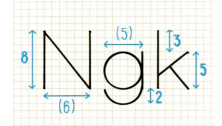

Die Versalhöhe beträgt 8 Karos und ist damit so hoch wie x-Höhe (5 Karos) und Oberlänge (3 Karos) zusammen. Die Unterlänge ist mit nur 2 Karos ausreichend bemessen. Die Buchstabenbreite beträgt in der Regel 5 bis 8 Karos. Um auch eine größere Menge Text zügig zeichnen zu können, empfiehlt sich die Verwendung einer Kreisschablone. Die Buchstaben werden mit Kreisdurchmessern von 3 Karos (15 mm) bis 8 Karos (40 mm) konstruiert.

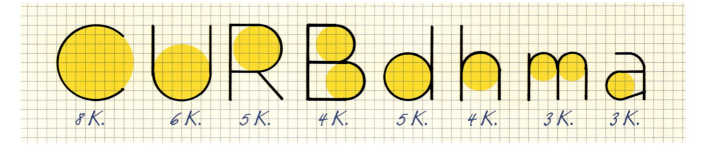

Der nüchterne Charakter der geometrischen Sans light tritt deutlich in klaren Layouts hervor – insbesondere, wenn sie dazu noch mit der fetten geometrischen Sans kombiniert wird.

ABCDEFG
HIJKLMNO
PQRSTUV
WXYZ&!?

äbcdefghij
klmnöpqrst
üvwxyzßO
123456789

Geometrische Sans fett

Relativ einfach zu konstruieren, wirkt diese klassische Schrift zeitlos und cool.

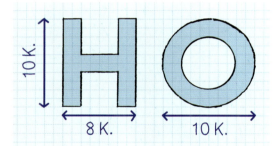
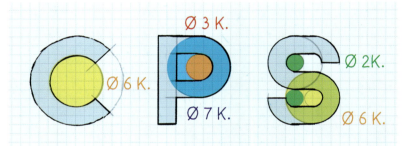

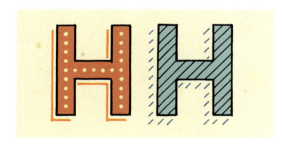

Die Strichstärke der fetten geometrischen Sans ist mit 2 Karos (bei 10 Karos Versalhöhe) relativ dick. Dabei sind die Buchstaben durchschnittlich 8 Karos breit. Alle Kurven lassen sich einfach durch Kreissegmente mit unterschiedlichem Durchmesser konstruieren. Schattierungen und Binnendekor verleihen der fetten geometrischen Sans einen lebendigen, nostalgischen Touch.

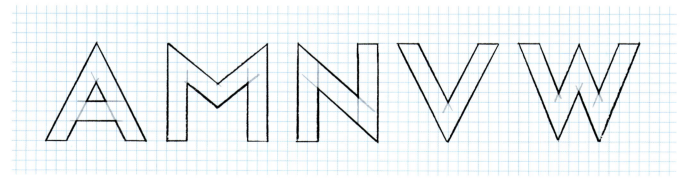

Die fünf Buchstaben A, M, N, V und W können auch mit spitzen Ecken gezeichnet werden.

ABCDE
FGHIJK
LMNOP
QRSTU
VWXYZ
1234567
890ÅÄÖÜ

Schablonenschrift

Eine schlichte und robuste Schrift mit den für Schablonen typischen Durchbrüchen.

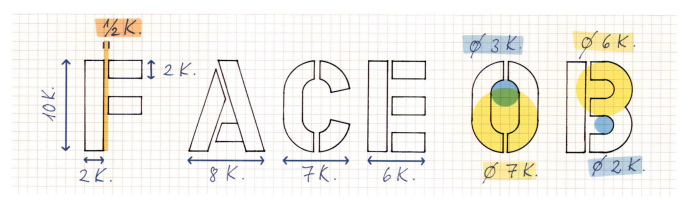

Die Schrift ist einfach zu konstruieren: Die Versalhöhe beträgt 10 Karos, die Strichbreite 2 Karos. Die Buchstaben sind durchschnittlich zwischen 6 und 8 Karos breit. Rundungen kommen in zwei Varianten vor: Standard sind 7 und 3 Karos Durchmesser, die engeren Kreissegmente werden mit einem Durchmesser von 6 und 2 Karos gezeichnet. Der Durchbruch ist ein halbes Karo breit.

Besonders authentisch wirkt die Schablonenschrift, wenn Sie tatsächlich eine Schablone zurechtschneiden und dann ein Wort aufs Papier sprühen – z. B. mit einer Zahnbürste.

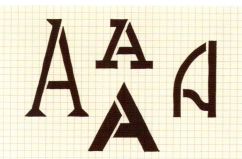

Mit den passenden Durchbrüchen lässt sich jede Schrift in eine Schablonenschrift verwandeln.

Einfache Antiqua-Versalien

Die einfach zu konstruierenden Antiqua-Versalien lassen sich gut mit anderen Schriften wie der leichten Blockschrift oder der engen Schreibschrift kombinieren.

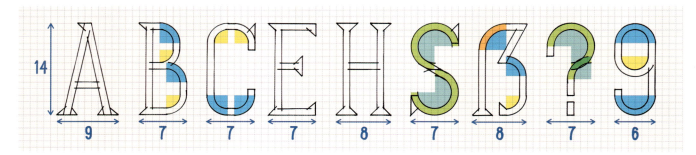

Durch die geringe Strichbreite von nur einem Karo wirkt die Antiqua sehr elegant. Die Versalhöhe ist mit 14 Karos (7 cm) relativ hoch. Im Gegensatz dazu beträgt die durchschnittliche Zeichenbreite nur 6 bis 9 Karos. Um den statischen Charakter zu bewahren, werden die durch Kreisbögen definierten Rundungen oft durch eingeschobene kurze Geraden (1 bis 2 Karos) „verlängert". Außer bei S, ß und ? werden insgesamt nur zwei Radien verwendet: 2 Karos (innen) und 3 Karos (außen).

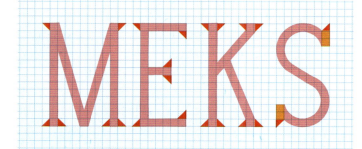

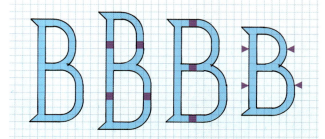

Die Serifen sind durchgehend im 45-Grad-Winkel gestaltet, so sind sie sehr leicht zu konstruieren: Einfach die Diagonale eines Karos einzeichnen.

Die Antiqua-Versalien lassen sich in der Größe einfach verändern, indem man in den Geraden Karos hinzufügt (oder entfernt).

ABCDEFG
HIJKLMN
OPQRSTU
VWXYZß
ÄÖÜ?!&12
34567890

47

Blockschrift mit Serifen

Diese stabile Blockschrift wirkt mit ihren groben Serifen unaufdringlich cool.

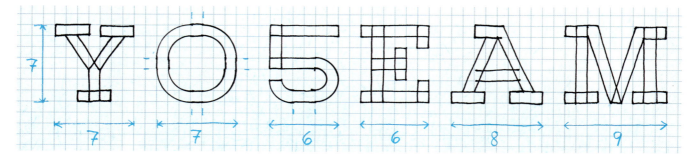

Die Blockschrift basiert auf einem Raster von 7 mal 7 Karos; Zahlen sind max. 6 Karos breit. Der quadratische Charakter wird auch noch unterstützt, indem bei »runden« Formen (C, D, O) kurze Geraden von 1 Karo Länge zwischen die Viertelkreise in den Ecken geschoben werden.

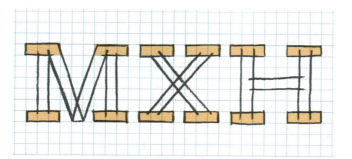

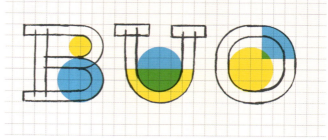

Die waagerechten Serifen sind 1 x 3 Karos groß.

Die Kreisradien betragen 1, 2 und 3 Karos.

Die Schrift eignet sich gut, um Schatten und 3D-Effekte zu erzielen. Diese sollten eine Strichbreite (1 Karo) zur Seite und nach unten entfernt sein.

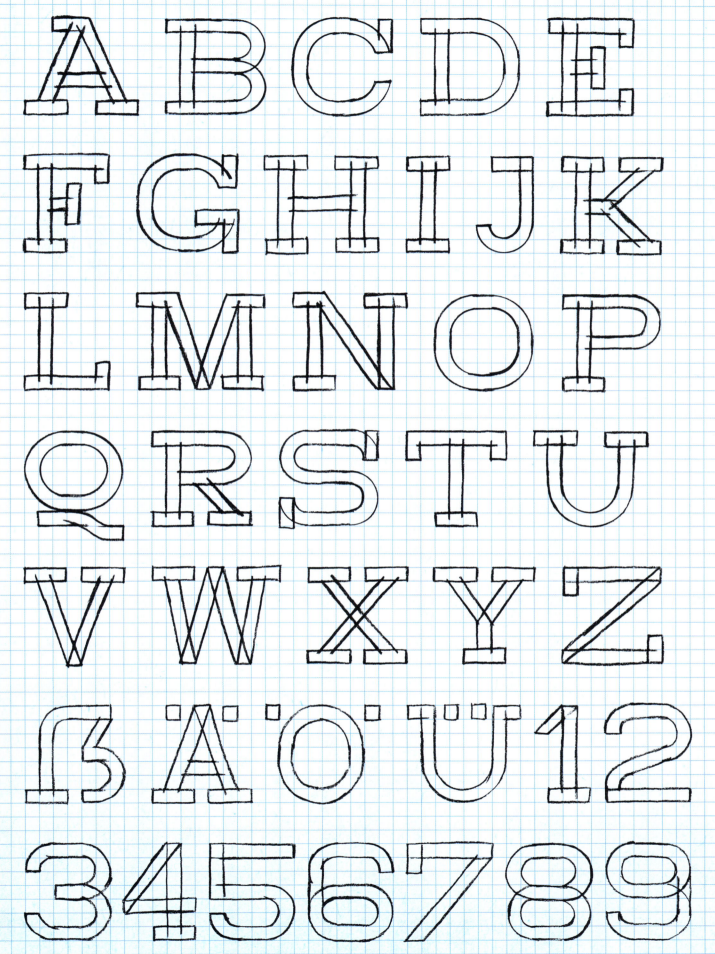

Sport-Blockschrift

TEAM SPIRIT

Der Klassiker, wenn es um amerikanische College-Headlines geht. Durch ihre originale Verwendung auf Trikots schwingt auch immer eine gewisse „Sportlichkeit" mit.

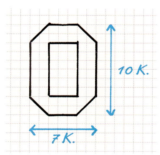 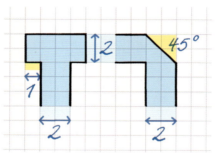

Die Buchstaben sind 10 Karos hoch und in der Regel 7 Karos breit. Die Strichstärke beträgt dabei 2 Karos. Die Serifen sind 2 Karos stark (= Strichbreite) und stehen seitlich ein Karo (= 1/2 Strichbreite) über. Rundungen gibt es nicht, sie werden durch Schrägen im 45-Grad-Winkel ersetzt.

 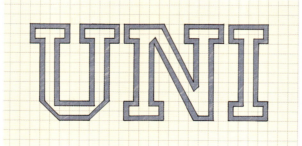

Diese Blockschrift kann eine Verdickung der Konturen nach innen gut vertragen. Ein optimaler Wert dafür wäre etwa ein halbes Karo Breite. Das entspricht einem Viertel der Strichstärke.

Die Sport-Blockschrift funktioniert am besten mit den „typischen" US-Farben wie Blau, Weiß und Rot. Aber auch ein zartes Hellblau und ein gelbliches Beige verbinden wir mit diesem Look.

ABCDEF
GHIJKL
MNOPQR
STUVW
XYZ123
456789
0€$,?!ß

Sport-Blockschrift Sans

Die serifenlose Schwester der Sport-Blockschrift eignet sich vor allem für längere Texte, da sich für sie auch gut die passenden Kleinbuchstaben konstruieren lassen.

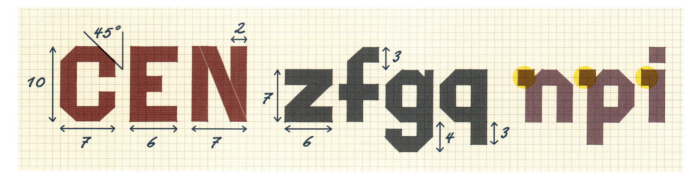

Wie bei der Sport-Blockschrift auf der vorangehenden Seite sind die Versalien 10 Karos hoch und 6 bis 7 Karos breit. Die Strichstärke beträgt ebenfalls 2 Karos. Die „Rundungen" der Buchstaben werden durch im 45-Grad-Winkel „abgeschnittene" Ecken erzeugt. Diese robusten Formen der Versalien sind sehr einfach zu zeichnen. Die Formen der Kleinbuchstaben sind um einiges ausdifferenzierter, denn mit einer x-Höhe von nur 7 Karos bleibt wenig Raum für Details. So weisen einige Buchstaben kleine Serifen von einem Karo Breite auf, um die Buchstabenform deutlicher herauszuarbeiten. Die durchschnittliche Breite der Kleinbuchstaben beträgt 6 Karos, die Oberlänge misst 3 Karos, die Unterlänge 3 bis 4 Karos.

Schon einfache Umrandungen oder Binnenlinien auf der Basis des Karorasters betonen die ursprüngliche Verwendung der Schrift auf Sportler-Trikots.

ABCDEFGHI
JKLMNOPQ
RSTUVWXY
Z12345678
9äbcdefgh
ijklmnöpqr
stüvwxyzß

Poppige Cartoon-Schrift

Der Charme dieser Pop-Art-Schrift liegt im Look der Sechzigerjahre. Dazu gehören natürlich vor allem auch bunte, schräge und „laute" Farben.

Auch wenn die Proportionen der Cartoon-Schrift natürlich beliebig sind, sollten Sie grob von einem Seitenverhältnis von zwei (Breite) zu drei (Höhe) ausgehen. Für den schrägen Charakter der Schrift ist es wichtig, dass es keine parallelen Linien gibt und dass die Horizontale betonter und dicker als die Vertikale ist. Die Rundungen sind gestauchte Ellipsen, das verleiht der Schrift den Sechzigerjahre-Look. Alternativ können Sie die Cartoon-Schrift auch rauer zeichnen, indem Sie eigentlich runde Linien in Geraden unterteilen. In der Ausgestaltung der Serifen sind Sie völlig frei.

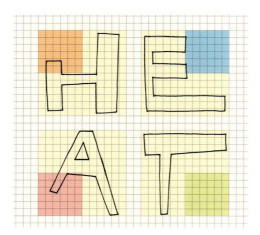
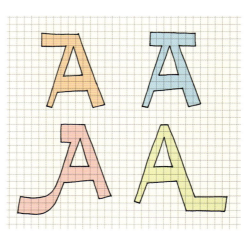

Wollen Sie Buchstaben ineinander verschachteln, schaffen Sie Platz, indem Sie einzelne Linien verlängern oder verkürzen. Wo sich das nicht anbietet, können Sie je nach Bedarf Blockserifen an jede beliebige Stelle eines Buchstabens anfügen.

A A a B C D E
e F f G g H
i I J J K K L M
M N n O P Q R
R S S S T U U
V W W X Y Y y
Z & & ? ! 1 2 3
4 5 6 7 8 9 0

Doodle-Schrift

Mit ihren unregelmäßigen Formen eignet sich diese „Doodle-Schrift" gut, um lustige oder kindgerechte Inhalte zu illustrieren, ohne dabei zu kindlich zu wirken.

Die Formen der Doodle-Schrift basieren auf denen „klassischer" Antiqua-Schriften. Der Kontrast bzw. die Kombination von Druck- und Handschrift macht dabei den Reiz aus.

Auch wenn Sie die Buchstaben stets nach dem gleichen Prinzip zeichnen, wird nie die gleiche Buchstabenform dabei herauskommen. Und das soll auch so sein. Richten Sie die Lettern außerdem leicht gedreht und mit versetzter Grundlinie aus.

Eine schöne Variante entsteht, wenn Sie die senkrechten Verdickungen weglassen und alle Strichenden und Verbindungsstellen durch fette Punkte markieren.

ABCDEFGH
IJKLMNOPQ
RSTUVWXY
ZÄÖÜ&ẞ
abcdefghijk
lmnopqrstu
vwxyzß 1 2
3 4 5 6 7 8 9 0

Plakat-Pinselschrift

Mit ihren großen Oberlängen, schlanken Versalien und stark betonten Senkrechten erinnert diese Pinselschrift an Poster und Plakate aus den 20er- und 30er-Jahren.

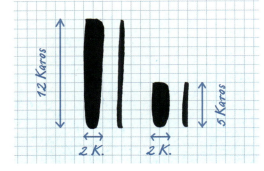

Bevor Sie mit dem Schriftentwurf beginnen, sollten Sie die nach unten schmaler zulaufenden Pinselstriche üben. Das untere Ende ist dabei stärker abgerundet als das obere.

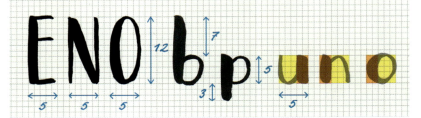

Die Versalhöhe bildet mit 12 Karos die Summe aus x-Höhe (5 Karos) und Oberlänge (7 Karos). Die Unterlänge ist mit nur 3 Karos relativ klein. Die Versalien sind in der Regel nur etwa 5 Karos breit, mit ebenfalls 5 Karos Breite sind die Kleinbuchstaben im Schnitt so breit wie hoch. Dabei sind die einzelnen kräftigen Senkrechten etwa 2 Karos breit. Aber nicht alle vertikalen Linien werden betont.

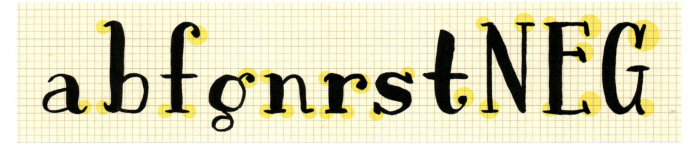

Die Pinselschrift erhält einen etwas solideren Charakter, wenn Sie mit passenden Serifen ausgestattet wird. Die Enden von f, g, r und t bekommen dabei Tropfenserifen.

ABCDEFGHIJ
KLMNOPQRST
UVWXYZ&ß?!
abcdefghij
klmnopqrs
tuvwxyzß
1234567890

Art-Déco Sans

Eine schlichte und elegante Schrift mit dem unverwechselbaren Touch der 1920er.

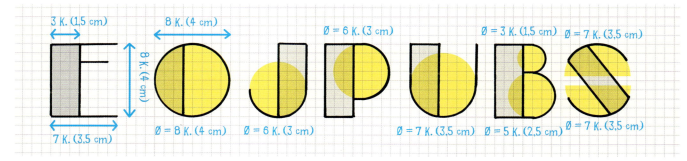

Die Versalhöhe der Art-Déco-Schrift beträgt 8 Karos. Die Buchstaben sind durchschnittlich 7 oder 8 Karos breit. Die Breite der starken Senkrechten beträgt 3 Karos, also etwas weniger als die Zeichenbreite. Alle Rundungen basieren auf Kreisbögen mit unterschiedlichen Durchmessern.

Die Art-Déco-Schrift wirkt noch etwas eleganter, wenn die starke Senkrechte durch eine zusätzliche dünne Linie betont wird. Oder Sie versehen die Flächen der Senkrechten mit Mustern.

Jugendstil-Versalien

Eine schlanke Form, hohe bzw. tiefe Querstriche und besondere Rundungen sind die besonderen Merkmale dieser Jugendstilschrift. Da sie vorwiegend linear konstruiert ist und ohne floralen Elemente auskommt, lässt sie sich ohne Probleme zeichnen.

Die äußeren Parameter sind schnell benannt: 1 Karo Strichdicke, 11 Karos Versalhöhe und durchschnittlich 6 Karos Buchstabenbreite. Den eigentlichen Charakter dieser Schrift machen organische Kurven, Asymmetrien und der weitgehende Verzicht auf Parallelen aus.

Mit einer zusätzlichen Karo-Reihe kann man die Schrift etwas kopflastiger machen.

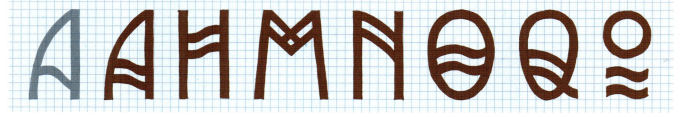

Die hier abgebildeten Buchstabenvarianten können jeweils einen Doppelstrich verwenden.

ABCDEFG
HIJKLMN
OPQRST
UVWXYZ
1234567890

Viktorianische Zierbuchstaben

Ein Alphabet für verspielte Letterer: Die Zierbuchstaben wirken dann besonders gut, wenn sie so miteinander kombiniert werden, dass sie durch Variieren der Versalhöhe und Verschlingungen zu einem „Bild" zusammengefügt werden.

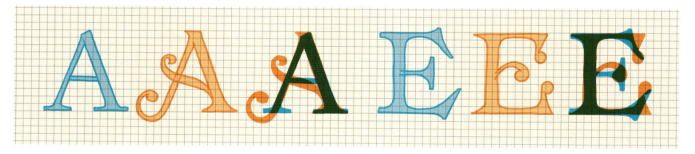

Diese Beispiele zeigen, dass sich Entwürfe mit der viktorianischen Zierschrift gut auf ein bestehendes Antiqua-Alphabet übertragen lassen. So können Sie z. B. für Skizzen zunächst den Satz am Computer erstellen und ausdrucken, um ihn anschließend manuell weiterzubearbeiten. Sie müssen dann meist nur noch die Serifen und Schwünge entsprechend hinzufügen.

Die Buchstaben der viktorianischen Zierschrift eignen sich bestens, um kurze Worte auf einem Bogen zu konstruieren. Dabei sollte man zuerst alle Senkrechten festlegen.
Die Schwünge und Bögen der Schrift können dann später wie bei H und A miteinander verbunden werden.

ABCDE
FGHIJ
KLMNO
PQRST
UVWXY
Z & 1234
567890

Schilder-Schrift mit Mini-Serifen

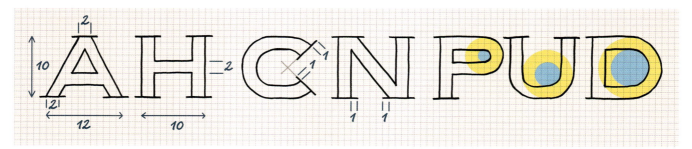

Als „Copperplate" wurde sie einst für Briefpapier, Visitenkarten oder Einladungen entworfen. Im Laufe der Zeit wurde sie dann auch zu einer beliebten Schrift für Ladenschilder und Poster. Diese Version lässt sich gut auf Karopapier konstruieren.

Die Versalhöhe beträgt 10 Karos, die Buchstabenbreite im Durchschnitt 10 bis 12 Karos. Die Striche sind 2 Karos breit, Senkrechte und Waagerechte werden gleichermaßen betont. Die Serifen bestehen nur aus kurzen Strichen, die stets 1 Karo über den „Stamm" hinausragen. Die Rundungen werden durch Kreisbögen mit verschiedenen Radien von 1 bis 5 Karos gezeichnet.

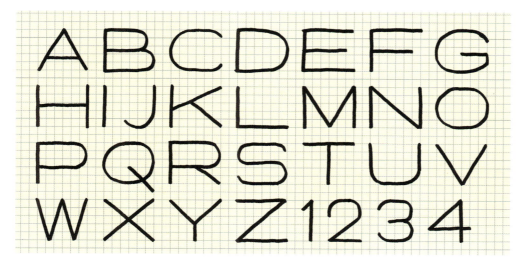

Eine in ihren Formen passende, kleinere Blockschrift kann leicht auf einem Raster von 6 Karos Breite und 5 Karos Höhe konstruiert werden. Sie lässt sich gut mit der Schilder-Schrift kombinieren.

Western-Schrift

Anhand ihrer fetten Querstriche ist die Western-Schrift sofort zu identifizieren.

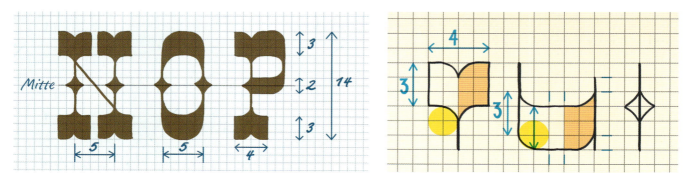

Die Versalhöhe beträgt inklusive Serifen 14 Karos, die durchschnittliche Buchstabenbreite (ohne die „Überbreite" der Serifen gerechnet) 5 Karos. Die Serifen sind in der Regel 4 Karos breit und 3 Karos hoch. Die Serifen und die Diamanten auf der Mittellinie lassen sich gut auf Karopapier konstruieren, da ihnen ganzzahlige Abstände zugrundeliegen.

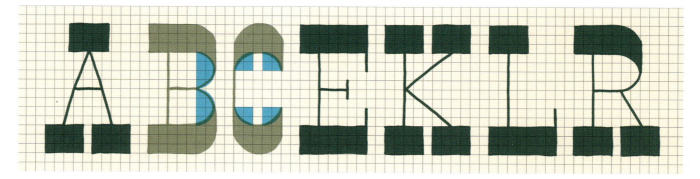

Basierend auf den Proportionen der Western-Schrift lässt auch sich eine ganz einfache Version mit Blockserifen zeichnen. Diese eignet sich gut für kleinere Textgrößen.

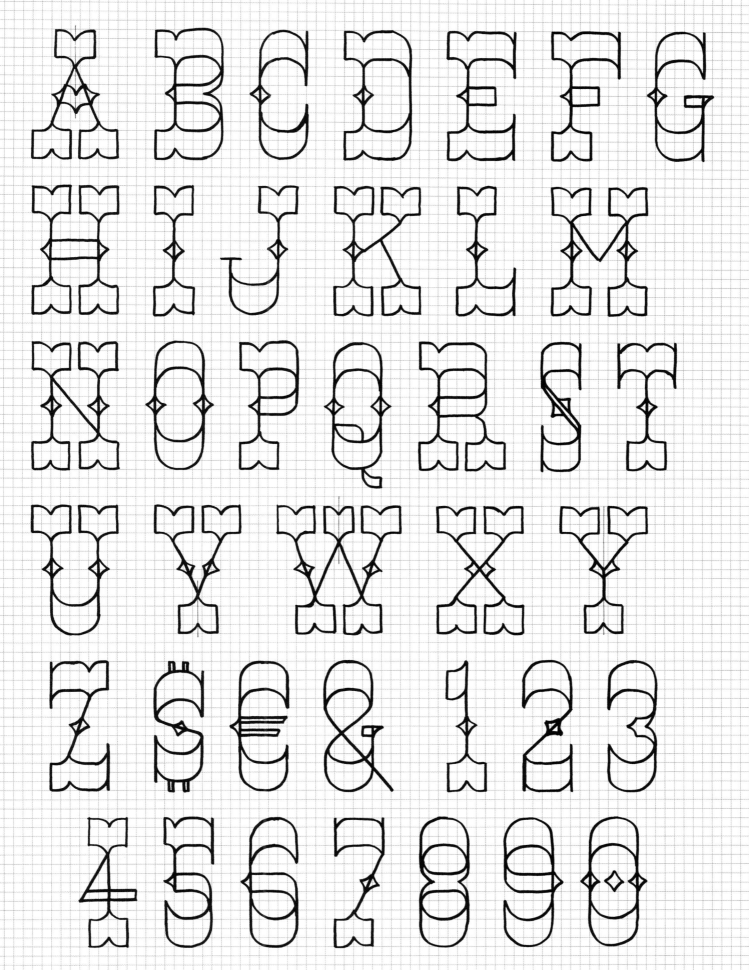

Zirkus-Schrift

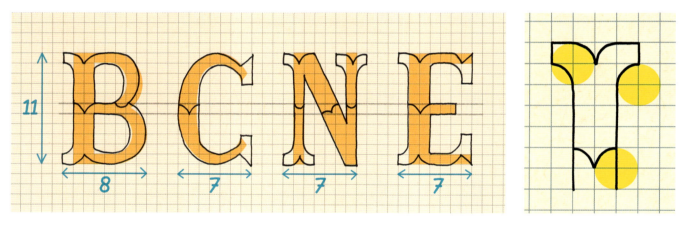

Eine lebendige Schrift mit verspielten Serifen für bunte und plakative Gestaltungen.

Die Zirkusschrift basiert auf einem kompakten Grundskelett mit einfachen Buchstabenformen. Ihre Versalhöhe umfasst 11 Karos, das erlaubt einen mittigen Steg von 1 Karo Stärke. Die Strichstärke beträgt allgemein 1 Karo, die betonten Senkrechten sind 2 Karos dick. Auch die Zirkus-Schrift besitzt eingekerbte Serifen, sie geben der Schrift den Vintage-Touch. Die Rundungen der Serifen haben einen Radius von nur 1 Karo, sodass sie leicht freihand gezeichnet werden können.

Die Möglichkeiten, die Binnenräume und Serifen der Zirkus-Schrift zu verzieren und farbig zu gestalten, sind nahezu unbegrenzt. Wer will, kann auch im Internet historische Vorbilder finden.

ABCDEF
GHIJKL
MNOPQR
STUVW
XYZ&123
456789

Unzialschrift

Durch ihre Ähnlichkeit mit den Formen der eigentlichen irischen Schrift (die allerdings etwas gewöhnungsbedürftig ist), eignet sich die Unziale gut für alles Irische – aber auch für alles Märchenhafte und Fantastische.

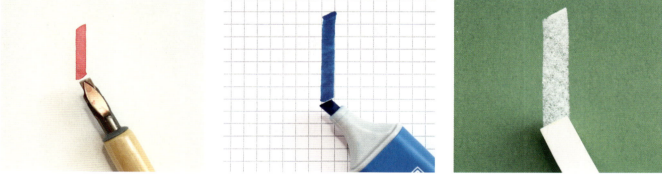

Ob Bandzugfeder, Filzstift oder Kreide: Das Schreibwerkzeug sollte in einem Winkel von ca. 20° zur Waagerechten geneigt sein. Die Neigung kann für bestimmte Striche oder Abschlüsse leicht verändert werden, wenn der Strich bei strikter Einhaltung des Neigungswinkels zu dick oder zu dünn werden sollte. Das gilt übrigens auch für die gebrochene Schrift auf den folgenden Seiten.

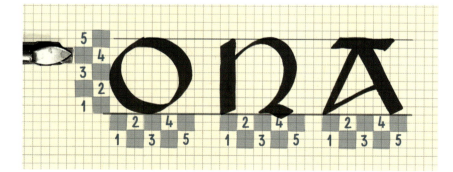

Die Höhe der Unzialschrift sollte etwa 4 bis 5 Federbreiten betragen – ohne die minimalen Ober- und Unterlängen. Da viele Buchstaben auf einer Kreisform basieren, ist dies auch die durchschnittliche Buchstabenbreite.

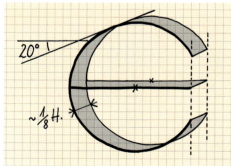

Durch Versetzen der Form um eine „fiktive" Federbreite im 20-Grad-Winkel lässt sich die Unzialschrift auch leicht konstruieren.

ABCDE
FGHIJKL
MMNOO
PQRSTU
VWXYZ
1234567
890ÄÖÜ

Gebrochene Schrift

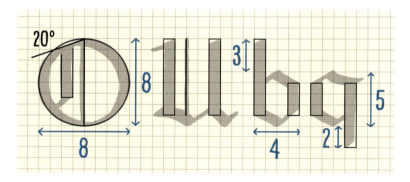

Fraktur, Textura, Rotunda, Schwabacher – es gibt viele sogenannte gebrochene Schriften. Diese Variante ist etwas einfacher zu schreiben als viele historische Vorbilder. Außerdem sorgt sie mit ihrem behutsam an lateinische Buchstabenformen angepassten Schriftbild für eine bessere Lesbarkeit im 21. Jahrhundert.

Die Senkrechten sind gut 1 Karo breit, der Stift setzt dabei mit einem Winkel von ca. 20° an. Die Versalhöhe beträgt 8 Karos. C, E, G, O und Q basieren auf einem Kreis von 8 Karos Durchmesser. Die Kleinbuchstaben sind in der Regel 4 Karos breit und 5 Karos hoch (x-Höhe). Die Oberlänge beträgt 3 Karos, die Unterlänge nur 2.

Initialen bekommt man, wenn man die gebrochenen Versalien in ein Quadrat einpasst, ihre Form etwas angleicht und mit floralen Mustern ergänzt. Im Internet findet man zahlreiche historische Vorlagen zur Inspiration.

Die Sache mit dem „langen s": Die historische Satzregeln für gebrochene Schriften sehen vor, dass ein rundes s nur am Ende eines Wortes (bzw. einer Wortfuge) steht. Ansonsten musste das lange s verwendet werden. Mehr noch: Bei bestimmten Buchstabenkombination waren sogenannte Ligaturen zu schreiben, zusammengezogene Buchstabenpaare. Für unser modernes Lettering dürfen wir es uns aber leisten, ganz sorglos den Fehler mit dem runden s in der Wortmitte zu machen; entscheiden Sie selbst, was Sie besser lesen können.

A B C D E F
G H I J K L
M N O P Q R
S T U V W X
Y Z 1 2 3 4 5 6 7
8 9 0 a b c d e f g
h i j k l m n o p q r
s ſ t u v w x y z ß

Schwünge und Vignetten

Banderolen und Etiketten

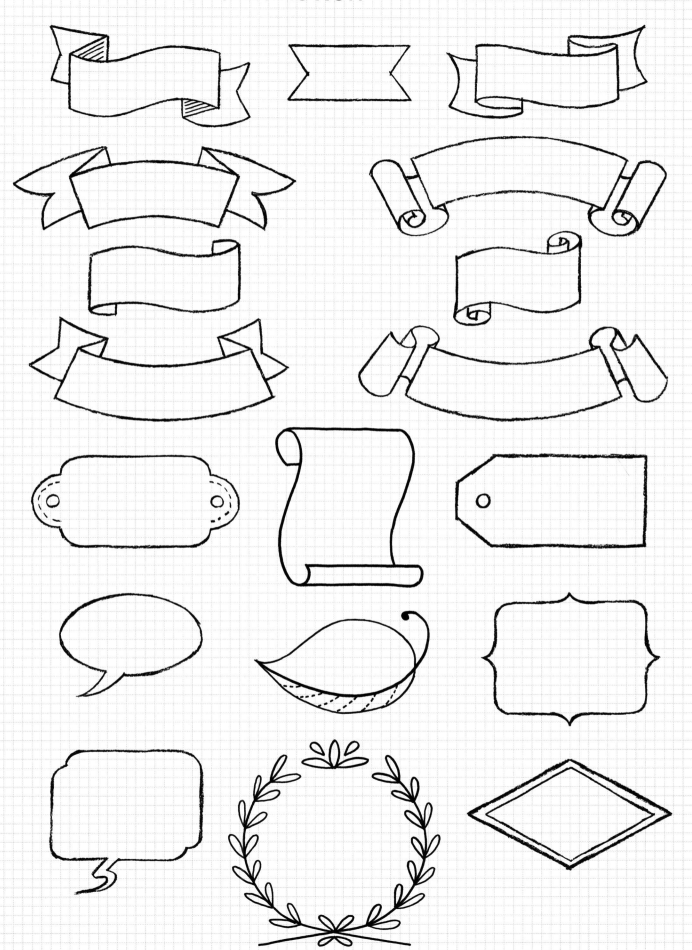

Illustrationen

Rahmen und Bordüren

80